A CADEIA DE CUSTÓDIA DAS COMUNICAÇÕES ELETRÔNICAS E DOS DADOS DIGITAIS NO PROCESSO PENAL BRASILEIRO:

uma análise da (in)validade das provas digitais

Mariane Ferreira de Andrade

A CADEIA DE CUSTÓDIA DAS COMUNICAÇÕES ELETRÔNICAS E DOS DADOS DIGITAIS NO PROCESSO PENAL BRASILEIRO:

uma análise da (in)validade das provas digitais

1ª Edição
Goiânia

ANGELIA
EDITORA

2024

Copyright © Mariane Ferreira de Andrade

Dados Internacionais de Catalogação na Publicação (CIP)
(Câmara Brasileira do Livro, SP, Brasil)

Andrade, Mariane Ferreira de
A cadeia de custódia das comunicações eletrônicas e dos dados digitais no processo penal brasileiro : uma análise da (in)validade das provas digitais / Mariane Ferreira de Andrade. -- 1. ed. -- Goiânia, GO : Angelia Editora, 2024.

40 p.

Bibliografia.
ISBN 978-65-83134-43-1

1. Processo penal (Direito) - Brasil 2. Prova (Direito) I. Título.

24-242305 CDU-343.1(81)

Índices para catálogo sistemático:

1. Brasil : Processo penal 343.1(81)

Eliete Marques da Silva - Bibliotecária - CRB-8/9380

Mesmo submetida e aprovada pelo Conselho Editorial da Angelia Editora previamente à publicação, a autora responsabiliza-se publicamente pelo conteúdo da obra, garantindo que é de autoria própria, assumindo integral responsabilidade de natureza moral ou patrimonial diante de terceiros em razão de seu conteúdo, declarando que o trabalho é original, livre de plágio e que não infringe quaisquer direitos de propriedade intelectual de terceiros, não havendo qualquer interesse comercial ou irregularidade que comprometa a integridade desta obra.

SUMÁRIO

1 INTRODUÇÃO

Com a evolução tecnológica, a forma de se relacionar e se comunicar passou por significativas mudanças. A era digital refletiu, entre outras áreas, no campo processual penal, com o surgimento de novas modalidades de coleta de prova. Os e-mails e as mensagens de texto passaram a desempenhar um papel fundamental na resolução de crimes, oferecendo dados decisivos. No entanto, surgiu uma grande celeuma acerca da idoneidade das provas digitais, com destaque para as capturas de telas (prints) de aplicativos de mensagens instantâneas.

A garantia de um processo justo depende da validade das provas nele apresentadas, razão pela qual é necessária a verificação da integridade dos elementos probatórios. O Superior Tribunal de Justiça (STJ), em seus recentes julgados, tem considerado como indispensável na colheita da prova digital a técnica de algoritmo *hash*, a fim de verificar a correspondência entre aquilo que foi colhido e o que resultou de todo o processo de extração.

As provas eletrônicas podem ser facilmente manipuladas, exigindo, portanto, cuidados especiais para a sua obtenção e preservação. Ademais, o uso dessas provas envolve a coleta de dados pessoais, os quais precisam de proteção e de perícia técnica especializada. O presente estudo coloca em discussão a utilização dos dados digitais desassociada do código *hash* e busca esclarecer, entre outros fatores, a relevância dos procedimentos legais para obtenção desses dados.

A conceituação de prova e elementos informativos digitais, a observância da cadeia de custódia, as consequências da sua violação bem como a discussão sobre a necessidade do código *hash* na extração de dados são pontos que serão detalhados adiante.

A ausência de critérios específicos para a obtenção e conservação dos dados digitais dificulta a concretização do princípio da mesmidade, fato esse que também será analisado.

Quando se trata da preservação e autenticidade das evidências digitais, a cadeia de custódia torna-se ainda mais relevante, dada a especificidade e facilidade de manipulação. Nesse sentido, com base na pesquisa de artigos, leis e jurisprudência, buscou-se analisar o "standard probatório" das provas derivadas das capturas tela de aplicativos de mensagens online, produzidas sob o crivo do poder judiciário, sejam elas obtidas por meio de aparelho próprio de extração de dados ou diretamente por análise policial.

2 DAS PROVAS E ELEMENTOS INFORMATIVOS DIGITAIS

A regra é que as provas sejam produzidas no processo penal, na presença das partes, com a realização do contraditório. No entanto, por conta do risco de desaparecimento ou por não ser possível a sua repetibilidade, algumas provas são produzidas ainda no inquérito policial, é o caso das provas antecipadas. Além delas, há as que, apesar de serem produzidas durante a investigação, com autorização judicial, possuem o contraditório diferido, que é o que ocorre com as provas provenientes de uma interceptação telefônica.

Nesse cenário, é preciso diferenciar, ainda, os elementos informativos das provas. Segundo Bretz e Menezes[1], citando a doutrina de Renato Brasileiro, a prova é produzida, em regra, no processo judicial, sob o crivo do contraditório e da ampla defesa. Por outro lado, os elementos informativos são produzidos na fase de investigação, sem a realização do contraditório pelas partes. Quando tais informações são oriundas de dados eletrônicos, a chamamos de elementos ou provas digitais,

---

[1] BRETZ, William; MENEZES, Caio. Prints de WhatsApp como prova válida e seu standard probatório. **Revista Consultor Jurídico**. Disponível em: < https://www.conjur.com.br/2024-mai-17/prints-de-whatsapp-como-prova-valida-e-seu-standard-probatorio/>. Acesso em: 11 de junho de 2024.

aplicando-se a elas as mesmas disposições relativas às provas em geral.

Toda informação com valor probatório armazenada em suporte eletrônico pode ser conceituada como prova digital. Ramos a define como "Informação passível de ser extraída de um dispositivo eletrônico (local, virtual ou remoto) ou de uma rede de comunicações" (RAMOS, 2014, p.86).

As provas digitais são dotadas de algumas singularidades, tais como a imaterialidade e a volatilidade. A imaterialidade decorre da sua natureza não corpórea, o que permite o armazenamento de um número bem maior de informações, uma vez que os dados não ocupam espaço físico (VAZ, 2012). Por sua vez, a volatilidade se dá pela possibilidade de alteração do seu conteúdo sem deixar marcas. Nesse sentido, Casey nos ensina que:

> A prova digital pode ser alterada ou obliterada maliciosamente pelos infratores ou acidentalmente durante a coleta, sem deixar nenhum sinal óbvio de distorção. (CASEY, 2011, p. 26).

Com o avanço da tecnologia, as relações humanas se deslocaram consideravelmente do mundo físico para o mundo virtual. Quando a prova é proveniente de um suporte físico, trata-se de uma prova documental *stricto sensu*. Por outro lado, se ela vem de um suporte eletrônico, trata-se de uma prova documental *lato sensu*, sendo essa a natureza jurídica da prova digital. Não se pode confundir, no entanto, o documento digital com aquele que é digitalizado. Este último é "originalmente produzido em meio físico e depois transportado, por meio da digitalização (fotografia, utilização de aplicativos, digitalização via scanner, etc.), para suporte eletrônico" (THAMAY; TAMER, 2020, p. 122-126).

A título de complementação, vale ressaltar também a distinção entre os crimes digitais próprios e os crimes digitais impróprios. Aqueles necessariamente precisam ser realizados por meio de dispositivos eletrônicos, a exemplo do crime de invasão de dispositivo informático; estes, por sua vez, podem ser praticados no âmbito digital, quando, então receberão esse nome.

Os crimes digitais impróprios são os crimes que sempre existiram e que, agora, podem ser realizados com a utilização de dispositivos informáticos, a exemplo dos crimes contra a honra: injúria, difamação e calúnia.

3 A CADEIA DE CUSTÓDIA DA PROVA DIGITAL NO PROCESSO PENAL

A utilização das provas digitais no processo penal, segundo a doutrina e jurisprudência, requer a presença dos seguintes atributos: autenticidade e integridade. A prova digital deve manter a sua identidade desde o momento da extração até sua análise pelo juiz, livre de qualquer adulteração que possa comprometê-la. A cadeia de custódia surge, nesse contexto, como procedimento necessário para a preservação dos atributos mencionados.

A cadeia de custódia passou a ser disciplinada pela Lei nº 13.964/2019, que inseriu os artigos 158-A a 158-F no Código de Processo Penal (CPP). Ela corresponde ao conjunto de procedimentos que documentam a história cronológica do vestígio, desde o seu reconhecimento até o seu descarte. Ela possibilita o rastreio da posse e manuseio da prova por várias pessoas, a exemplo do perito, delegado de polícia e escrivão. O momento em que cada uma delas teve contato com a evidência precisa ser registrado e documentado, visando à sua preservação.

O artigo 158-B do CPP disciplina as etapas da cadeia de custódia da seguinte forma: reconhecimento, isolamento, fixação, coleta, acondicionamento, transporte, recebimento, processamento, armazenamento e descarte. Tais fases são relevantes para a garantia de um processo justo, com provas legítimas e confiáveis.

Renato Brasileiro (2021, p.608) ao tratar da cadeia de custódia, a define da seguinte forma:

> consiste em mecanismo garantidor da autenticidade das evidências coletadas e examinadas, assegurando que correspondem ao caso investigado, sem que haja lugar para qualquer tipo de adulteração. Funciona, pois, como a documentação formal de um procedimento destinado a documentar a história cronológica de uma evidência, evitando-se, assim, eventuais interferências internas e externas capazes de colocar em dúvida o resultado da atividade probatória, assegurando, assim, o rastreamento da evidência desde o local do crime até o tribunal. (LIMA, Rentado Brasileiro de. *Manual de Processo Penal*. 9ª ed. Salvador: JusPodivm, 2021, p. 608).

No caso da prova digital, é necessário demonstrar que ela foi adquirida de uma localização específica, que permaneceu inalterada durante a sua extração, sendo a cópia completa e exata da evidência. Sobre essa exigência, entende a doutrina que:

> (...) é preciso preservar a autenticidade e a integridade em todo processo de produção da prova digital, desde sua identificação, coleta, extração de resultados, até a apresentação no processo ou procedimento de destino. A ideia é construir verdadeiro registro histórico da evidência, de toda a

> vida da prova. A ideia é que se alguém seguir os mesmos passos já dados na produção da prova, o resultado será exatamente o mesmo. Nesse ponto, é importante sinalizar datas, horários, quem teve acesso, onde o acesso foi feito e até quaisquer alterações inevitáveis relacionadas. (THAMAY; TAMER, 2020, p. 114)

A documentação da cadeia de custódia deve englobar as ações praticadas, a data, a hora, o local, as pessoas que tiveram contato com o vestígio e qualquer possível alteração. Isso é necessário para que a prova seja validada no processo e para que os direitos fundamentais das partes envolvidas sejam preservados. São esses registros que irão garantir o devido processo legal.

Se a cadeia de custódia não for documentada, não será possível questionar a autenticidade e integridade da prova. O legislador, no entanto, não determina quais são as consequências processuais da ausência ou violação dessa documentação, seja em relação à admissão da prova ou da sua valoração, caso admitida. Fato é que, sem o devido procedimento, torna-se impossível atestar de forma categórica a confiabilidade dos elementos de prova extraídos.

A doutrina não é pacífica quanto a postura a ser adotada. Uma parte defende a admissão da prova, resolvendo o problema da violação com a atribuição de um valor probatório menor. Outra parte, por sua vez, entende que a prova se torna ilegítima, não podendo ser utilizada. Nesse sentido, segundo Gustavo Badaró (2023, p.183), há dois casos em que a prova digital será considerada inadmissível:

> o primeiro, quando não há qualquer documentação da cadeia de custódia; o segundo, quando não seja possível, minimamente, assegurar que o vestígio tenha potencial para o acertamento do fato.

É preciso destacar, no entanto, que a sexta turma do Superior Tribunal de Justiça (STJ), no HC 653.515[2], já se manifestou afirmando que a não observância da cadeia de custódia, por si só, não gera a nulidade da prova, devendo esta ser analisada com os demais elementos existentes nos autos, para que seja investigada a sua confiabilidade. Segue abaixo a ementa do julgado supracitado:

> HABEAS CORPUS. TRÁFICO DE DROGAS E ASSOCIAÇÃO PARA O NARCOTRÁFICO. QUEBRA DA CADEIA DE CUSTÓDIA DA PROVA. AUSÊNCIA DE LACRE. FRAGILIDADE DO MATERIAL PROBATÓRIO RESIDUAL. ABSOLVIÇÃO QUE SE MOSTRA DEVIDA.

---

[2] BRASIL. Superior Tribunal de Justiça. **HC 653.515- RJ**, relatora Ministra Laurita Vaz, relator para acórdão Ministro Rogério Schietti Cruz, Sexta Turma, julgado em 23 de novembro de 2021. Disponível em:https://processo.stj.jus.br/processo/revista/documento/mediado/?componente=ITA&sequencial=2073941&num_registro=202100831087&data=20220201&formato=PDF. Acesso em: 22 de junho de 2024.

ASSOCIAÇÃO PARA O NARCOTRÁFICO. HIGIDEZ DA CONDENAÇÃO. ORDEM CONCEDIDA.
1. A superveniência de sentença condenatória não tem o condão de prejudicar a análise da tese defensiva de que teria havido quebra da cadeia de custódia da prova, em razão de a substância entorpecente haver sido entregue para perícia sem o necessário lacre. Isso porque, ao contrário do que ocorre com a prisão preventiva, por exemplo - que tem natureza rebus sic standibus, isto é, que se caracteriza pelo dinamismo existente na situação de fato que justifica a medida constritiva, a qual deve submeter-se sempre a constante avaliação do magistrado -, o caso dos autos traz hipótese em que houve uma desconformidade entre o procedimento usado na coleta e no acondicionamento de determinadas substâncias supostamente apreendidas com o paciente e o modelo previsto no Código de Processo Penal, fenômeno processual, esse, produzido ainda na fase inquisitorial, que se tornou estático e não modificável e, mais do que isso, que subsidiou a própria comprovação da materialidade e da autoria delitivas.
2. Segundo o disposto no art. 158-A do CPP, "Considera-se cadeia de custódia o conjunto de todos os procedimentos utilizados para manter e documentar a história cronológica do vestígio coletado em locais ou em vítimas de crimes, para rastrear sua posse e manuseio a partir de seu reconhecimento até o descarte".
3. A autenticação de uma prova é um dos métodos que assegura ser o item apresentado aquilo que se

afirma ele ser, denominado pela doutrina de princípio da mesmidade.

4. De forma bastante sintética, pode-se afirmar que o art. 158-B do CPP detalha as diversas etapas de rastreamento do vestígio: reconhecimento, isolamento, fixação, coleta, acondicionamento, transporte, recebimento, processamento, armazenamento e descarte. O art. 158-C, por sua vez, estabelece o perito oficial como sujeito preferencial a realizar a coleta dos vestígios, bem como o lugar para onde devem ser encaminhados (central de custódia). Já o art. 158-D disciplina como os vestígios devem ser acondicionados, com a previsão de que todos os recipientes devem ser selados com lacres, com numeração individualizada, "de forma a garantir a inviolabilidade e a idoneidade do vestígio".

5. Se é certo que, por um lado, o legislador trouxe, nos arts. 158-A a 158-F do CPP, determinações extremamente detalhadas de como se deve preservar a cadeia de custódia da prova, também é certo que, por outro, quedou-se silente em relação aos critérios objetivos para definir quando ocorre a quebra da cadeia de custódia e quais as consequências jurídicas, para o processo penal, dessa quebra ou do descumprimento de um desses dispositivos legais. No âmbito da doutrina, as soluções apresentadas são as mais diversas.

6. Na hipótese dos autos, pelos depoimentos prestados pelos agentes estatais em juízo, não é possível identificar, com precisão, se as substâncias apreendidas realmente estavam com o paciente já desde o início e, no momento da chegada dos

policiais, elas foram por ele dispensadas no chão, ou se as sacolas com as substâncias simplesmente estavam próximas a ele e poderiam eventualmente pertencer a outro traficante que estava no local dos fatos.

7. Mostra-se mais adequada a posição que sustenta que as irregularidades constantes da cadeia de custódia devem ser sopesadas pelo magistrado com todos os elementos produzidos na instrução, a fim de aferir se a prova é confiável. Assim, à míngua de outras provas capazes de dar sustentação à acusação, deve a pretensão ser julgada improcedente, por insuficiência probatória, e o réu ser absolvido.

9. O fato de a substância haver chegado para perícia em um saco de supermercado, fechado por nó e desprovido de lacre, fragiliza, na verdade, a própria pretensão acusatória, porquanto não permite identificar, com precisão, se a substância apreendida no local dos fatos foi a mesma apresentada para fins de realização de exame pericial e, por conseguinte, a mesma usada pelo Juiz sentenciante para lastrear o seu decreto condenatório. Não se garantiu a inviolabilidade e a idoneidade dos vestígios coletados (art. 158-D, § 1º, do CPP). A integralidade do lacre não é uma medida meramente protocolar; é, antes, a segurança de que o material não foi manipulado, adulterado ou substituído, tanto que somente o perito poderá realizar seu rompimento para análise, ou outra pessoa autorizada, quando houver motivos (art. 158-D, § 3º, do CPP).

9. Não se agiu de forma criteriosa com o recolhimento dos elementos probatórios e com sua preservação; a cadeia de custódia do vestígio não foi implementada, o elo de acondicionamento foi rompido e a garantia de integridade e de autenticidade da prova foi, de certa forma, prejudicada. Mais do que isso, sopesados todos os elementos produzidos ao longo da instrução criminal, verifica-se a debilidade ou a fragilidade do material probatório residual, porque, além de o réu haver afirmado em juízo que nem sequer tinha conhecimento da substância entorpecente encontrada, ambos os policiais militares, ouvidos sob o crivo do contraditório e da ampla defesa, não foram uníssonos e claros o bastante em afirmar se a droga apreendida realmente estava em poder do paciente ou se a ele pertencia.
10. Conforme deflui da sentença condenatória, não houve outras provas suficientes o bastante a formar o convencimento judicial sobre a autoria do crime de tráfico de drogas que foi imputado ao acusado. Não é por demais lembrar que a atividade probatória deve ser de qualidade tal a espancar quaisquer dúvidas sobre a existência do crime e a autoria responsável, o que não ocorreu no caso dos autos. Deveria a acusação, diante do descumprimento do disposto no art. 158-D, § 3º, do CPP, haver suprido as irregularidades por meio de outros elementos probatórios, de maneira que, ao não o fazer, não há como subsistir a condenação do paciente no tocante ao delito descrito no art. 33, caput, da Lei n. 11.343/2006.

11. Em um modelo processual em que sobrelevam princípios e garantias voltadas à proteção do indivíduo contra eventuais abusos estatais que interfiram em sua liberdade, dúvidas relevantes hão de merecer solução favorável ao réu (favor rei).
12. **Não foi a simples inobservância do procedimento previsto no art. 158-D, § 1º, do CPP que induz a concluir pela absolvição do réu em relação ao crime de tráfico de drogas; foi a ausência de outras provas suficientes o bastante a formar o convencimento judicial sobre a autoria do delito a ele imputado. A questão relativa à quebra da cadeia de custódia da prova merece tratamento acurado, conforme o caso analisado em concreto, de maneira que, a depender das peculiaridades da hipótese analisada, pode haver diferentes desfechos processuais para os casos de descumprimento do assentado no referido dispositivo legal.**
13. Permanece hígida a condenação do paciente no tocante ao crime de associação para o tráfico de drogas (art. 35 da Lei n. 11.343/2006), porque, além de ele próprio haver admitido, em juízo, que atuava como olheiro do tráfico de drogas e, assim, confirmando que o local dos fatos era dominado pela facção criminosa denominada Comando Vermelho, esta Corte Superior de Justiça entende que, para a configuração do referido delito, é irrelevante a apreensão de drogas na posse direta do agente.
14. Porque proclamada a absolvição do paciente em relação ao crime de tráfico de drogas, deve ser a

> ele assegurado o direito de aguardar no regime aberto o julgamento da apelação criminal. Isso porque era tecnicamente primário ao tempo do delito, possuidor de bons antecedentes, teve a pena-base estabelecida no mínimo legal e, em relação a esse ilícito, foi condenado à reprimenda de 3 anos de reclusão (fl. 173). Caso não haja recurso do Ministério Público contra a sentença condenatória (ou, se houver e ele for improvido) e a sanção permaneça nesse patamar, fica definitivo o regime inicial mais brando de cumprimento de pena.
>
> 15. Ordem concedida, a fim de absolver o paciente em relação à prática do crime previsto no art. 33, caput, da Lei n. 11.343/2006, objeto do Processo n. 0219295-36.2020.8.19.0001. Ainda, fica assegurado ao réu o direito de aguardar no regime aberto o julgamento do recurso de apelação. (HC n. 653.515/RJ, relator Ministro Rogerio Schietti Cruz, Sexta Turma, julgado em 23/11/2021, DJe de 1/2/2022) (grifo nosso).

Por conta da transformação e evolução das técnicas computacionais, ainda não há meios uniformemente aceitos para o manuseio dos dados digitais. No Brasil, há uma norma técnica da ABNT - NBR ISO/IEC 27037:2013 que estabelece diretrizes para identificação, coleta, aquisição e preservação da evidência digital. O referido documento, apesar de ser considerado um importante guia da persecução penal, não possui força obrigatória de lei. Portanto, apesar do crescente número de crimes digitais, não há norma legal que discipline as regras para utilização da prova digital.

4 DA (IN)VALIDADE DAS PROVAS DIGITAIS NO PROCESSO PENAL BRASILEIRO

Uma conversa travada em um aplicativo de mensagens instantâneas, como o *WhatsApp*, pode ser considerada uma prova digital de grande valia. No entanto, por ser protegida pelo direito à intimidade, é acobertada pela reserva de jurisdição, nos termos do Marco Civil da Internet.

A interceptação desses dados telemáticos é feita, muitas vezes, no inquérito, após representação do delegado de polícia à autoridade judicial. A prova digital produzida nesses moldes, sob o crivo do juiz, é legal, não havendo que se falar em ilegalidade. Não obstante, não são raras as vezes em que a defesa apresenta argumentos genéricos para tentar desacreditar a prova eletrônica, alegando possíveis adulterações de seu conteúdo. Nessa esteira, Bretz e Menezes afirmam que:

> A operacionalização destas medidas cautelares traz inúmeros desafios por parte das Polícias Judiciárias, vez que praticamente em todos os Estados não há material e ou pessoal adequado para extração dos dados telemáticos com ferramentas tecnológicas de última geração seja por sua total ausência ou insuficiência. A fim de garantir a eficiência destas medidas probatórias, de forma cotidiana, o agente de polícia elabora relatório policial com diversos

> *prints* ou degravações para o seu devido aproveitamento nas investigações. (...) Logo, não há que se levantar de forma abstrata e leviana, a possível adulteração de conteúdo de prova digital após a apreensão policial daquela fonte de prova digital, vez que como qualquer agente público, os atos de polícia decorrem de presunção de veracidade. (BRETZ, William; MENEZES, Caio, 2024)

Para que a prova digital tenha a mesma validade de uma prova documental extraída de um meio físico é importante que ela se apresente confiável e segura. E isso só será possível se o documento eletrônico for autêntico, isto é, quando não houver dúvidas sobre a sua autoria, bem como se for comprovada a integridade das suas informações.

A prova digital será considerada íntegra quando se apresentar "isenta de qualquer modificação em seu estado ou adulteração desde o momento da realização do fato até a apresentação do resultado prova" (THAMAY; TAMER, 2020, p. 45). Ademais, a confiabilidade da prova digital depende também da preservação da cadeia de custódia. Se não houver a documentação completa, não será possível analisar a integridade e autenticidade dos dados digitais, os quais, nesse caso, não serão, em regra, admissíveis no processo penal.

Ainda que haja um autor aparente, a publicação criminosa pode ter sido postada em perfil falso ou *fake*, o cometimento do crime pode ter sido realizado através de e-mail alheio e a captura de tela apresentada no processo pode ter sido adulterada. É "simples e fácil construir ou alterar uma conversa de aplicativo de mensagens, de e-mails ou postagens em mídias sociais" (THAMAY; TAMER, 2020, p. 45-46).

A doutrina recomenda, dessa forma, que a extração dos dados seja registrada em ata notarial e que, havendo dúvidas sobre a sua integridade, seja ela submetida à perícia. É por isso que a documentação de cada etapa da cadeia de custódia é fundamental para aferir se a extração dos dados foi devidamente realizada, atestando a auditabilidade da evidência digital.

É necessário, ainda, que a mesma sequência de etapas resulte nos mesmos resultados, ou seja, que os mesmos procedimentos gerem a mesma conclusão, o que chamamos de repetibilidade da prova. Por fim, é importante que metodologias distintas cheguem aos mesmos resultados, comprovando a reprodutibilidade da evidência e que os métodos utilizados sejam justificáveis.

Nesse contexto, surge o chamado princípio da mesmidade, o qual visa assegurar a confiabilidade da prova, a fim de que seja possível se verificar a correspondência entre aquilo que foi colhido e o que resultou de todo o processo de extração. Uma das formas de se garantir a mesmidade é a utilização da técnica de algoritmo *hash*, que possibilita o acesso e a extração dos dados do arquivo digital.

O Ministro Ribeiro Dantas, no AgRg no RHC n. 143.169/RJ[3], explica que:

> Aplicando-se uma técnica de algoritmo hash, é possível obter uma assinatura única para cada arquivo - uma espécie de impressão digital ou DNA, por assim dizer, do arquivo. Esse código hash gerado da imagem teria um valor diferente caso um único bit de informação fosse alterado em alguma etapa da investigação, quando a fonte de prova já estivesse sob a custódia da polícia. Mesmo alterações pontuais e mínimas no arquivo resultariam numa hash totalmente diferente, pelo que se denomina em tecnologia da informação de efeito avalanche: [...]. Desse modo, comparando as hashes calculadas nos momentos da coleta e da perícia (ou de sua repetição em juízo), é possível detectar se o conteúdo extraído do dispositivo foi alterado, minimamente que seja. Não havendo alteração (isto é, permanecendo íntegro o corpo de delito), as hashes serão idênticas, o que permite atestar com elevadíssimo grau de confiabilidade que a fonte de prova permaneceu intacta. (AgRg no RHC n. 143.169/RJ, relator Ministro Messod Azulay Neto, relator para acórdão Ministro Ribeiro Dantas,

---

[3] BRASIL. **AgRg no RHC n. 143.169** - RJ, relator Ministro Messod Azulay Neto, relator para acórdão Ministro Ribeiro Dantas, Quinta Turma, julgado em 7 de fevereiro de 2023. Disponível em: <https://scon.stj.jus.br/SCON/GetInteiroTeorDoAcordao?num_registro=202100573956&dt_publicacao=02/03/2023>. Acesso em: 22 de junho de 2024.

> Quinta Turma, julgado em 7/2/2023, DJe de 2/3/2023).

A autoridade policial responsável pela apreensão de qualquer dispositivo informático deve copiar integralmente o conteúdo do dispositivo, gerando um arquivo que representa de forma fidedigna o conteúdo original, e depois preservá-lo através da cadeia de custódia. Toda movimentação do vestígio deve ser registrada, com a indicação das pessoas responsáveis pelas entregas e recebimentos. Esse é o parâmetro legal para todo tipo de prova, obtida ou não por meios digitais.

Nesse sentido, a quinta turma do STJ, no AgRg no habeas corpus nº 828054[4], por unanimidade, decidiu que são inadmissíveis no processo penal as provas obtidas de celular quando não forem adotados procedimentos para assegurar a idoneidade e a integridade dos dados extraídos. O STJ, no mesmo julgado foi além e julgou pela indispensabilidade do código *hash* na colheita da prova digital.

O referido código é um algoritmo utilizado por um perito técnico para comprovar que não houve alteração no documento digital desde a época em que este foi extraído do dispositivo apreendido. Trata-se de uma fórmula

---

[4] BRASIL. Superior Tribunal de Justiça. **AgRg no HABEAS CORPUS Nº 828054** - RN. Agravante: Wesley Gomes do Nascimento. Agravados: Ministério Público Federal e Ministério Público do Estado do Rio Grande do Norte. Impetrado: Tribunal de Justiça do Estado do Rio Grande do Norte. Relator: Ministro Joel Ilan Paciornik, 23 de abril de 2024.

matemática que transforma a informação digital em uma sequência de letras e números de tamanho fixo. É justamente a essa sequência que se dá o nome "*hash*". Trata-se de uma espécie de impressão digital, tendo em vista que, se ocorrer uma alteração no arquivo, ainda que mínima, resultará em uma *hash* totalmente diferente.

Além do algoritmo *hash*, exige-se um software confiável que promova a tradução dos dados digitais para uma linguagem compreensível e que possa ser confrontado. "*Cellebrite*" é um software de extração e análise de dados digitais utilizado por autoridades policiais na investigação criminal. Através dessa ferramenta é possível desbloquear celulares e tablets, permitindo o acesso a conteúdo apagado ou protegido por senhas.

Ocorre que tal criptografia, isoladamente aplicada, não elimina a possibilidade de adulteração probatória. A extração de dados contidos em um aparelho celular por meio de um *software* que gere um código *hash* dará a certeza de que a análise a ser realizada pelos policiais incidirá sobre a cópia exata dos dados. Não obstante, o código *hash* apenas confere a certeza de identidade relacionada à cópia realizada, ele não garante a inviolabilidade probatória, justamente porque incide sobre aquilo que foi copiado. Se, por exemplo, houver violação dos dados entre o momento de sua apreensão e a extração, a criptografia *hash* não servirá, já que ela não é capaz de informar qualquer adulteração feita antes da sua utilização.

Sendo assim, apesar do STJ exigir de forma genérica e desarrazoada que as análises investigativas dos dados telemáticos somente possam ser feitas por meio da técnica *hash* e de *softwares* de extração de dados, como o *"Cellebrite"*, ainda não há a obrigatoriedade legal de que a análise seja realizada mediante máquina de extração. Até mesmo porque tais dispositivos, por serem atualizados ao longo dos anos, nem sempre serão compatíveis com os aparelhos existentes no mercado.

O que garante a veracidade e inalteração do conteúdo da prova digital são os documentos que a acompanham, como o relatório de busca e apreensão e de acompanhamento dos vestígios dentro da cadeia de custódia, cujas confecções são dotadas do atributo da presunção de veracidade dos atos administrativos.

Na extração de um *printscreen* de conversas de e-mail, *WhatsApp*, *Telegram* e na juntada de dispositivos com áudios ou vídeos para comprovar determinados fatos, deve ser identificada a data e a hora em que se teve acesso à prova, o momento em que foi feita a extração do meio digital, a especificação do local e de quem teve acesso bem como a identificação de eventuais alterações realizadas. Somente assim será possível demonstrar ao juiz a retidão na extração dos dados, permitindo a segurança da prova digital.

Diante da carência de legislação acerca das provas digitais, a discussão atual gira em torno da autenticidade e veracidade dos dados informáticos. Uma vez comprovados os referidos atributos, o entendimento majoritário caminha no sentido da sua aceitação (FERROLA; NAVES; ZUGAIBE, 2016). Todavia, se ainda assim, alguém alegar a não confiabilidade da prova e demonstrar prejuízo, dela será o ônus de comprová-lo. A repetibilidade probatória é o meio adequado para dirimir tal questionamento.

Logo, as provas obtidas por meio digital podem, sim, serem consideradas válidas no processo penal brasileiro, com vistas à obtenção da verdade real. Se a prova digital foi produzida sob o crivo do Poder Judiciário, seja ela obtida por meio de aparelho de extração de dados com geração de código *hash* ou diretamente por análise policial, sua idoneidade pode ser garantida pela cadeia de custódia, através dos documentos que a acompanham. Se houver alegação de fraude, que haja a repetição probatória, com análise específica de eventual adulteração, sem ocorrer, no entanto, a sua invalidade genérica. Caso contrário, estaria o Judiciário fadado a se tornar uma máquina de impunidade.

CONCLUSÃO

Após a definição de prova digital, foi feita uma análise sobre a sua natureza jurídica e sobre os atributos necessários para a sua admissão no processo penal brasileiro. Trata-se de prova documental proveniente de meio eletrônico. Para sua validade, mister que haja a comprovação da sua autenticidade e integridade.

Nessa esteira, demonstrou-se a importância da cadeia de custódia como garantidora da lisura no manuseio da prova, desde o seu reconhecimento até o seu descarte. A cadeia de custódia, portanto, seria o caminho percorrido pela prova até o momento da sua análise pelo juiz, devendo englobar todos os atos realizados, a data, o horário, o local e as pessoas que tiveram contato com o vestígio.

Demonstrou-se, contudo, que há uma considerável carência legislativa sobre o procedimento específico a ser adotado no manuseio e preservação dos dados digitais. Há apenas uma norma técnica, sem força legal, portanto, responsável por estabelecer as diretrizes para identificação, coleta, aquisição e preservação desses dados.

Restou especificado, ainda, que para uma evidência digital ser autêntica e íntegra, não pode restar dúvidas sobre a sua autoria e ausência de adulteração, desde o momento da sua realização até a sua apresentação como prova. A partir disso, foi analisada a necessidade de uso do código *hash*, que é um algoritmo utilizado na extração da informação digital para comprovar a inexistência de alteração no documento a partir da cópia realizada.

E, apesar do STJ considerar indispensável tal técnica, esta criptografia, isoladamente aplicada, não elimina a possibilidade de adulteração probatória, uma vez que a violação da prova pode ter sido efetuada antes da aplicação do código.

É certo que há uma facilidade de manipulação das informações provenientes das capturas de telas (*prints*) de aplicativos de mensagens instantâneas. Não se pode olvidar, no entanto, da presunção de boa-fé que gozam os atos dos agentes públicos. A veracidade e inalteração do conteúdo da prova digital pode ser comprovada através dos relatórios de busca e apreensão e da documentação completa da cadeia de custódia. Se, ainda assim, existirem dúvidas quanto à sua confiabilidade, é ônus de quem alega comprovar eventual adulteração ou violação.

Por todo o exposto, chegou-se à conclusão de que o standard probatório, que é o grau de convencimento exigido para que o magistrado possa proferir uma decisão no caso concreto, pode, sim, ter como base uma prova digital. A captura de tela de aplicativos de mensagens instantâneas levadas ao exame do Poder Judiciário, com respeito aos direitos fundamentais, ainda que não seja obtida por meio de aparelho de extração de dados, com geração de código *hash,* deve ser admitida e considerada prova válida no processo penal. Caso contrário, diante da evolução digital, seria impossível comprovar a prática dos crimes cibernéticos, o que geraria, inevitavelmente, na impunidade de tais atos. Aliás, a facilidade provocada pela certeza da absolvição, resultaria na percepção de que o crime compensa.

REFERÊNCIAS

ASSOCIAÇÃO BRASILEIRA DE NORMAS TÉCNICAS. **ABNT NBR ISO/IEC 27037:** Tecnologia da informação — Técnicas de segurança — Diretrizes para identificação, coleta, aquisição e preservação de evidência digital. São Paulo: ABNT, 2013. Disponível em: <https://www.abntcatalogo.com.br/norma.aspx?ID=307273>. Acesso em: 21 de junho de 2024.

BADARÓ, Gustavo. **A Cadeia de Custódia da Prova Digital**. In: OSNA, Gustavo et. al. Direito Probatório. Londrina: Thoth, 2023.

BRASIL. **Código de Processo Penal**. Promulgado em 3 de outubro de 1988. Diário Oficial da União, Rio de Janeiro RJ, 13 out. 1988. Disponível em: <https://www.planalto.gov.br/ccivil_03/decreto-lei/del3689.htm>. Acesso em: 11 junho de 2024.

BRASIL. Superior Tribunal de Justiça. **HC 653.515**- RJ, relatora Ministra Laurita Vaz, relator para acórdão Ministro Rogério Schietti Cruz, Sexta Turma, julgado em 23 de novembro de 2021. Disponível em: <https://processo.stj.jus.br/processo/revista/documento/mediado/?componente=ITA&sequencial=2073941&num_registro=202100831087&data=20220201&formato=PDF>. Acesso em: 22 de junho de 2024.

______.**AgRg no RHC n. 143.169** - RJ, relator Ministro Messod Azulay Neto, relator para acórdão Ministro Ribeiro Dantas, Quinta Turma, julgado em 7 de fevereiro de 2023. Disponível em: <https://scon.stj.jus.br/SCON/GetInteiroTeorDoAcordao?num_registro=202100573956&dt_publicacao=02/03/2023>. Acesso em: 22 de junho de 2024.

______. **AgRg no HABEAS CORPUS Nº 828054** - RN. relator Ministro Joel Ilan Paciornik, Quinta Turma, julgado em 23 de abril de 2024. Disponível em: <https://scon.stj.jus.br/SCON/GetInteiroTeorDoAcordao?num_registro=202301896150&dt_publicacao=29/04/2024#:~:text=HC%20828.054%20%2F%20RN&text=%22A%20Turma%2C%20por%20unanimidade%2C,Ministro%20Relator.>. Acesso em: 11 de junho de 2024.

BRETZ, William; MENEZES, Caio. Prints de WhatsApp como prova válida e seu standard probatório. **Revista Consultor Jurídico**. Disponível em: <https://www.conjur.com.br/2024-mai-17/prints-de-whatsapp-como-prova-valida-e-seu-standard-probatorio/>. Acesso em: 11 de junho de 2024.

CASEY, E. **Digital evidence and computer crime**, 3 ed., London: Elsevier, 2011.

CORREIA, João Conde. Prova digital: as leis que temos e a lei que devíamos ter**. In Revista do Ministério Público**, nº 139, Julho – Setembro 2014. Disponível em:

https://rmp.smmp.pt/wp-content/uploads/2014/04/3_RMP_139_Joao_Correia.pdf.

FERROLA, Guido; NAVES, José Paulo Micheletto; ZUGAIBE, Nathália Cassola. **Documento eletrônico como meio de prova no processo penal brasileiro**. Disponível em: <http://periodicos.unb.br/index.php/redunb/article/view/21735>. Acesso em: 11 junho de 2018.

GUARDIA, Gregório Edoardo Rapahel Selingardi. **Comunicações Eletrônicas e Dados digitais no Processo Penal**. Tese (Dissertação de Mestrado em Direito) – Faculdade de Direito da USP, Universidade de São Paulo, São Paulo, 2012.

LESSA, Breno Munici. **A Invalidade Das Provas Digitais No Processo Judiciário**. Disponível em: http://www.conteudojuridico.com.br/artigo,a-invalidade-das-provas-digitaisno-processo-judiciario,25613.html. Acesso em: 11 jun de 2018.

LIMA, Renato Brasileiro de. **Manual de Processo Penal**. Volume único. 4ª Edição. Salvador: Juspodivm, 2016.

________________________. **Manual de Processo Penal**. 9ª Edição. Salvador: Juspodivm, 2021.

______. **Manual de Processo Penal**. 9ª ed. Salvador: JusPodivm, 2021.

LOPES JUNIOR, Aury. **Direito Processual Penal**. 14 ed. São Paulo: Saraiva, 2017.

NERY Jr., Nelson; NERY, Rosa Maria de Andrade. **Comentários ao Código de Processo Civil**. São Paulo: RT, 2015.

PASTORE, Guilherme de Siqueira. Considerações sobre a autenticidade e a integridade da prova digital. **Cadernos Jurídicos**, São Paulo, ano 21, n. 53, p. 63-79.

RAMOS, Armando Dias. **A prova digital em processo penal: o correio eletrônico**. Lisboa: Chiado, 2014.

RODRIGUES, Benjamim Silva. **Da prova penal: Tomo IV – Da prova-electrónico-digital e da criminalidade informático-digital.** Lisboa: Rei dos Livros, 2011.

SILVA, José Antônio Ribeiro de Oliveira. **Manual das audiências trabalhistas: presencial, por videoconferência e telepresencial**. Salvador: Juspodivm, 2021.

THAMAY, Rennan; TAMER, Mauricio. **Provas no direito digital: conceito da prova digital, procedimentos e provas digitais em espécie**. São Paulo: Thomson Reuters Brasil, 2020.

VAZ, Denise Provasi. **Provas digitais no Processo Penal**. Tese (Doutorado em Direito) – Faculdade de

Direito da USP, Universidade de São Paulo, São Paulo, 2012.

www.ingramcontent.com/pod-product-compliance
Ingram Content Group UK Ltd.
Pitfield, Milton Keynes, MK11 3LW, UK
UKHW021938190726
13853UKWH00004B/1515

9 786583 134431